De renacuajo a rana
Tadpole to Frog

Melvin & Gilda Berger

SCHOLASTIC INC.
New York Toronto London Auckland Sydney
Mexico City New Delhi Hong Kong Buenos Aires

D1497421

Photographs: Cover: Dwight Kuhn; p. 1: Dwight Kuhn;
p. 3: A.B. Sheldon/Dembinsky Photo Assoc.;
p. 4: Gary Meszaros/Dembinsky Photo Assoc.; p. 5: Dwight Kuhn; p. 6: Dwight Kuhn;
p. 7: E.R. Degginger/Dembinsky Photo Assoc.;
p. 8: Gary Meszaros/Dembinsky Photo Assoc.;
p. 9: Dwight Kuhn; p. 10: Dwight Kuhn; p. 11: Dwight Kuhn;
p. 12: Sharon Cummings/Dembinsky Photo Assoc.;
p. 13: Dwight Kuhn; p. 14: Dwight Kuhn; p. 15: Dwight Kuhn;
p. 16: Sharon Cummings/Dembinsky Photo Assoc.

Photo Research: Sarah Longacre

ISBN 0-439-82864-3

12 11 10 9 8 7 6 5 4 3 2   6 7 8 9 10 11/0

Printed in the U.S.A.
First bilingual printing, February 2006

La rana vive en la tierra y en el agua.
A frog lives on land and in water.

La mamá rana pone huevos en el agua.
The mother frog lays eggs in the water.

La mamá rana pone cientos de huevos de una sola vez.

The mother frog lays hundreds of eggs at a time.

Todos los huevos tienen una mancha oscura.
Each egg has one dark spot.

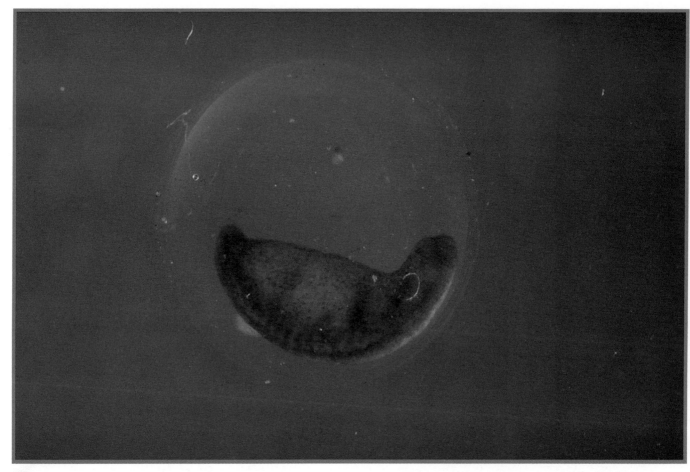

El renacuajo empieza a crecer dentro del huevo.
A tadpole starts to grow inside the egg.

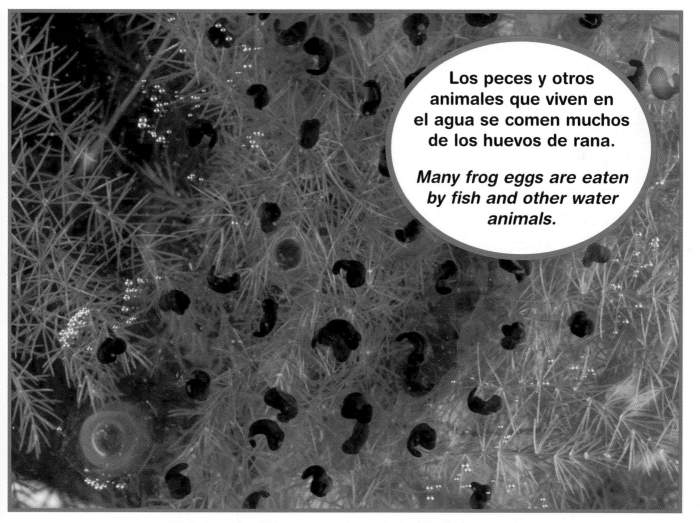

El renacuajo sale del huevo.
A tadpole comes out of the egg.

El renacuajo se parece más a un pez
que a una rana.
A tadpole looks more like a fish than a frog.

El renacuajo puede respirar debajo del agua.
A tadpole can breathe under the water.

El renacuajo tiene la cola larga.
A tadpole has a long tail.

El renacuajo puede nadar.
A tadpole can swim.

Las patas de atrás tienen membranas entre los dedos.

The back legs have webs between the toes.

Al renacuajo le crecen las patas de atrás.
A tadpole grows back legs.

Al renacuajo le crecen las patas de adelante.
A tadpole grows front legs.

Los renacuajos pierden la cola. Sus pulmones crecen y pueden respirar aire.

Tadpoles lose their tails. Their lungs grow so they can breathe air.

El renacuajo sale del agua.
A tadpole climbs out of the water.

¡El renacuajo se convierte en rana!
A tadpole becomes a frog!

La nueva rana pone huevos en el agua.
The new frog lays eggs in the water.